LA GUERRA DE LOS SEIS DÍAS

La toma de Jerusalén por parte de Israel

Por Héloïse Malisse
En colaboración con Laure Delacroix
Traducido por Laura Bernal Martín

Historia en50MINUTOS.es

LA GUERRA DE LOS SEIS DÍAS — 1

Datos clave
Introducción

CONTEXTO POLÍTICO Y SOCIAL — 3

Un conflicto de unos cuarenta años de edad
La revuelta árabe (1936-1938)
La guerra de la Independencia de 1948
La crisis del canal de Suez (1956)
Los años sesenta y los rumores de guerra
Una nueva guerra se perfila

ACTORES PRINCIPALES — 10

Gamal Abdel Nasser, presidente de la República de Egipto
Levi Eshkol, primer ministro de Israel
Moshe Dayan, ministro israelí de Defensa

ANÁLISIS DE LA GUERRA — 17

Composición y estrategias de las fuerzas en presencia
Cronología de los acontecimientos: tres frentes en lugar de uno
Resultado del conflicto

LAS REPERCUSIONES DE LA GUERRA — 25

Una apertura al radicalismo religioso en el mundo árabe
Una guerra que lleva a otras
Los palestinos, los olvidados al final del conflicto

EN RESUMEN 31

PARA IR MÁS ALLÁ 35

LA GUERRA DE LOS SEIS DÍAS

DATOS CLAVE

- **¿Cuándo?** Del 5 al 10 de junio de 1967
- **¿Dónde?** En la península del Sinaí, en Cisjordania y en los Altos del Golán (norte de Israel)
- **¿Contexto?** Los conflictos árabe-israelí y palestino-israelí
- **¿Beligerantes?** Israel contra Egipto, Jordania y Siria
- **¿Principales protagonistas?**
  - Levi Eshkol, primer ministro de Israel (1895-1969)
  - Moshe Dayan, ministro israelí de Defensa (1915-1981)
  - Gamal Abdel Nasser, presidente de la República de Egipto (1918-1970)
- **¿Resultado?** Victoria israelí
- **¿Víctimas?**
  - Bando israelí: unos 829 muertos
  - Bando egipcio: entre 5000 y 10 000 muertos
  - Bando jordano: unos 700 muertos y 550 prisioneros
  - Bando sirio: unos 450 muertos y 570 prisioneros

INTRODUCCIÓN

La guerra de los Seis Días, una grave crisis en el conflicto árabe-israelí y palestino-israelí, comienza el 5 de junio de 1967. Los israelíes quieren tomar medidas preventivas contra Egipto, la principal amenaza militar para el Estado hebreo, a raíz del bloqueo del estrecho de Tirán (al oeste de la península arábiga). La aviación egipcia es aniquilada en solo tres horas y, a continuación, el ejército israelí puede dirigirse al Sinaí. Todo el mundo árabe, ultrajado, condena este ataque y apoya a Egipto: Jordania y Siria se suman al combate atacando al Estado hebreo, y otros países, como el Líbano e Irak, envían ayuda material o humanitaria. Es preciso tener en cuenta que en el momento de los hechos, los Territorios Palestinos están controlados en parte por Siria, Jordania y Egipto.

Seis días más tarde, después de varios altos el fuego obtenidos a favor de Israel, la situación geopolítica de Oriente Próximo cambia drásticamente: Israel detenta ahora una posición dominante respecto a sus vecinos árabes y su territorio se cuadriplica.

CONTEXTO POLÍTICO Y SOCIAL

UN CONFLICTO DE UNOS CUARENTA AÑOS DE EDAD

En el momento del estallido de la guerra de los Seis días, las tensiones entre judíos y árabes vienen de mucho tiempo atrás.

Desde finales del siglo XIX, un movimiento llamado sionista comienza a restaurar poco a poco el Estado judío en Palestina en respuesta a varias oleadas de violencia antisemita que asolan Europa. Se forman aquí y allá pequeñas comunidades agrícolas judías hasta 1901, año en el que el movimiento sionista crea el Fondo Nacional Judío para la compra de tierras en Palestina, que pertenece entonces al Imperio otomano. Este último, al que no le interesa la situación, decide restringir severamente el asentamiento de pueblos judíos en su territorio. Solo después de la Primera Guerra Mundial (1914-1918) la situación se vuelve a favor de los sionistas. Con la derrota del Imperio otomano, que luchó junto a Alemania, todos los territorios árabes —es decir, la península arábiga, Irak, el Líbano, Palestina y Siria— caen bajo los mandatos británico y francés. Los británicos, con la Declaración Balfour del 2 de noviembre de 1917, están a favor de la creación de un hogar nacional para el pueblo judío en Palestina y se comprometen a contribuir a la realización de este proyecto. La inmigración judía en Palestina es cada vez mayor y se acelera aún más con el ascenso al poder de Adolf Hitler (1889-1945) y el nacimiento del nazismo en los años treinta.

De 1920 a 1967 se dan tres grandes crisis en el conflicto árabe-israelí:

- la revuelta árabe en Palestina (1936-1938);
- la guerra de la Independencia (1948);
- la crisis del canal de Suez (1956).

LA REVUELTA ÁRABE (1936-1938)

La revuelta árabe que se produce en 1936 tiene como objetivo crear un Estado independiente en la Palestina mandataria (es decir, bajo mandato británico).

Revuelta árabe contra la ocupación británica.

Después de asesinatos perpetrados por ambas partes, indicios de una preocupante violencia entre árabes y judíos, Gran Bretaña decreta el estado de emergencia e impone el toque de queda. A pesar de todo, las tensiones se intensifican y se organiza una huelga general en todo el país. La revuelta se extiende gradualmente fuera de las fronteras, y llegan combatientes sirios para alinearse con los palestinos. Es urgente encontrar una solución a esta situación, por lo que los británicos proponen formar dos Estados: el primero, el Estado judío, que incluiría Galilea (norte de Israel) y todo el litoral; el segundo, el Estado palestino, que estaría formado por los territorios restantes anexados a Transjordania (la actual Cisjordania). Como los árabes y algunos sionistas rechazan la propuesta, la política británica se endurece, reprimiendo y encarcelando a los principales líderes de la revuelta. A pesar de todo, esta primera crisis tiene una consecuencia positiva, ya que permite redactar en 1939 una serie de leyes reunidas bajo el nombre de *Libro Blanco* que regulan la inmigración judía a Palestina y las compras de tierras árabes por parte de los judíos.

LA GUERRA DE LA INDEPENDENCIA DE 1948

La segunda crisis es la que los israelíes llaman la guerra de la Independencia. Tiene lugar en 1948, cuando el mandato británico llega a su fin tras la adopción por parte de la ONU de un plan de división de Palestina un año antes. Los palestinos rechazan el plan, mientras que los judíos desean proteger las tierras que se les asignan según lo decidido: para hacerlo, expulsan a los árabes que se encuentran en ellas. Esto da lugar a luchas de las que los judíos salen vencedores, ya que están mejor preparados desde un punto de vista militar después de su participación en la Segunda Guerra Mundial (1939-1945) junto a los ingleses. Después tiene lugar un éxodo de población palestina, mientras que, el 14 de mayo de 1948, se autoproclama el Estado de Israel. Al día siguiente, con el fin de apoyar a los palestinos, los ejércitos egipcio, sirio, iraquí, jordano y libanés declaran la guerra a Israel. Después de intensos combates y de conquistas territoriales que, en un principio, benefician a los árabes, la tendencia se invierte y, finalmente, en febrero de 1949 se firman armisticios entre los distintos países. De lo que ahora se trata es de definir las nuevas fronteras. Israel, flamante vencedor, ocupa ahora el 78 % de Palestina, es decir:

- Galilea;
- los territorios costeros de Palestina, con la excepción de la Franja de Gaza;
- Jerusalén Oeste;
- el desierto del Néguev.

LA CRISIS DEL CANAL DE SUEZ (1956)

Pocos años después, cuando nos encontramos en pleno contexto de Guerra Fría (1945-1990), se produce una nueva crisis en las relaciones entre judíos y árabes: la del canal de Suez, que enfrenta Egipto a Israel, Gran Bretaña y Francia. Ese año, el presidente egipcio Gamal Abdel Nasser encabeza una campaña que pretende mejorar la situación económica de su país. Su deseo es construir una presa en el Nilo con el fin de regular el río, por lo que pide apoyo financiero a los Estados Unidos, que se lo rechazan debido a que el presidente mantiene una relación amistosa con los soviéticos. Entonces, el presidente de Egipto decide nacionalizar el canal de Suez con el fin de utilizar los beneficios que resultarían para construir su presa.

Gran Bretaña, Francia e Israel reaccionan enseguida a esta nacionalización lanzando un ataque militar el 29 de octubre de 1956. Así, Israel conquista la Franja de Gaza, entonces bajo administración egipcia, y el Sinaí. La ONU, por su parte, condena este ataque el 1 de noviembre y exige un alto al fuego. Aunque Israel se somete a la decisión, los otros dos países no lo hacen, si bien al final los Estados Unidos y la Unión Soviética los obligarán a abandonar sus maniobras militares. Gran Bretaña y Francia aceptan la tregua el 6 de noviembre de 1956. A partir de ahora, Israel está obligado a restituir los territorios conquistados, pero aun así obtiene por parte de la ONU la presencia de cascos azules (miembros de las fuerzas militares de la ONU) a lo largo de la frontera entre Israel y Egipto.

LOS AÑOS SESENTA Y LOS RUMORES DE GUERRA

Durante los años sesenta, la investigación para el desarrollo de armas nucleares que realiza el Estado hebreo contamina de nuevo las relaciones árabe-israelíes. El 12 de marzo de 1966, el periódico *Al Jumhuria* del Cairo expresa la idea de que «una guerra preventiva es la única manera de impedir que Israel se convierta en una potencia nuclear»[1] (Razoux 2004, 13). Así pues, el temor a ver surgir un combate nuclear se extiende, sobre todo entre los egipcios, persuadidos de que serán los primeros afectados. Entonces, Gamal Abdel Nasser se encarga de actuar para planificar operaciones militares con el fin de impedir que tal desastre se produzca. Sin embargo, el presidente egipcio no pretende destruir el Estado hebreo: lo único que quiere es eliminar la amenaza nuclear intentando borrar del mapa las plantas nucleares del país.

Al mismo tiempo, el gobierno israelí también prevé operaciones militares contra sus vecinos árabes, en particular contra Egipto. Los israelíes temen, de hecho, que les cojan desprevenidos con un ataque sorpresa, como ya casi ocurrió con la crisis de Rotem (que significa «escoba» en hebreo) que se produjo en febrero de 1960, cuando Egipto dispuso unos quince mil soldados y cerca de 500 tanques a lo largo de la frontera entre Israel y Egipto sin que los servicios de inteligencia israelíes se percataran. Cuatro días después, los israelíes establecieron una operación para establecer

---

1. Cita traducida por 50Minutos.es

una división blindada y posicionar todas sus fuerzas aéreas frente al ejército egipcio. Aunque las dos partes se contentaron con observarse, este episodio está grabado en la mente de los israelíes.

UNA NUEVA GUERRA SE PERFILA

Tras los frecuentes enfrentamientos entre los sirios y jordanos con Israel a finales de 1966 y principios de 1967, el presidente sirio Ahmad Nureddin al-Atassi (1929-1992) y el rey Hussein de Jordania (1935-1999) no dejan de pedirle ayuda a Egipto mientras le reprochan a Gamal Abdel Nasser su inacción. Finalmente, el 12 de mayo de 1967, tras los rumores rusos sobre una gran concentración de tropas israelíes a lo largo de la frontera con Siria, el presidente egipcio decreta la movilización general de sus tropas invocando la solidaridad socialista que une a Siria y a Egipto. Por ello, ordena que se envíen a Siria varios escuadrones de cazabombarderos egipcios. Dos días más tarde, el 14 de mayo, anuncia el fortalecimiento del dispositivo militar egipcio en la península del Sinaí, a lo largo de la frontera con Israel. También proclama el cierre del estrecho de Tirán el 22 de mayo, impidiendo el acceso de Israel al mar Rojo. Al mismo tiempo, se las arregla para conseguir que se retiren los cascos azules de la ONU situados a lo largo de la frontera egipcia con Israel. Para el pueblo israelí, estas dos últimas acciones se consideran *casus belli* y la angustia de un grave conflicto inminente se perfila en el horizonte.

GAMAL ABDEL NASSER, PRESIDENTE DE LA REPÚBLICA DE EGIPTO

Retrato de Gamal Abdel Nasser.

Gamal Abdel Nasser es un hombre de Estado y presidente

de la República de Egipto entre 1956 y 1970. Antes de su carrera política, sirve en el ejército y dirige un batallón de fuerzas expedicionarias egipcias durante la guerra de 1948 contra Israel. En 1951 es ascendido a coronel. También en esta época se convierte en uno de los líderes del Movimiento Oficiales Libres que derroca al rey Faruk I de Egipto con un golpe de Estado militar en julio de 1952. Tras alejar a sus adversarios del poder, Gamal Abdel Nasser es elegido presidente en enero de 1956, siendo el único candidato. Es reelegido en la misma forma hasta su muerte en 1970. Su política se describe como socialismo árabe. También es el rais (que significa «líder» en árabe) del movimiento llamado panarabismo.

¿SABÍAS QUE...?

El partido que origina el movimiento panárabe es el Baaz (que significa «resurrección» en árabe). Este se crea en Siria en 1947, y unos años más tarde pasa a llamarse «Partido del Renacimiento Árabe Socialista». Se trata de una ideología que defiende la necesidad de unir el mundo árabe en una sola nación a través de la unidad de la lengua y de la civilización, y no a través de la religión, como era el caso bajo el Imperio otomano: por tanto, el panarabismo es laico por definición.

Durante los pocos meses que preceden a la guerra de los Seis Días, Siria busca la ayuda de Egipto para la resolución de los conflictos que tienen lugar a lo largo de la frontera sirio-israelí, apelando a la solidaridad árabe. Al principio,

Gamal Abdel Nasser se contenta con protestas verbales pero, enseguida, se convierte en el hazmerreír del resto de líderes árabes y es acusado de inmovilismo. Por temor a perder su credibilidad como rais del panarabismo, decide amenazar más abiertamente a Israel disponiendo a sus tropas en el Sinaí.

Tras el ataque a las bases aéreas egipcias por parte de la aviación israelí el 5 de junio, la indignación afecta a todos los países árabes y Gamal Abdel Nasser recupera su popularidad, convirtiéndose en el mascarón de proa del pensamiento árabe. Ahora, este último promete la destrucción de Israel. Muchos le apoyan al comienzo de la guerra y le envían tropas o ayuda material.

Al final de la guerra, después de una aplastante derrota, el presidente egipcio asume públicamente la responsabilidad del fracaso de los ejércitos árabes y anuncia su renuncia, que sin embargo es rechazada por el pueblo egipcio. Después participa en la cumbre árabe en Jartum (29 de agosto-1 de septiembre de 1968) y luego entra en una guerra de desgaste contra Israel en febrero de 1969. De este modo, mantiene a lo largo del canal de Suez un estado de tensión militar. Esta guerra de desgaste no se acaba hasta agosto de 1970, cuando los israelíes aceptan un alto el fuego. Gamal Abdel Nasser muere poco después de un ataque al corazón.

LEVI ESHKOL, PRIMER MINISTRO DE ISRAEL

Retrato de Levi Eshkol.

Levi Eshkol, un hombre de Estado israelí, nace en Ucrania.
En 1914 emigra a Palestina, donde trabaja como agricultor
en un kibutz (comuna agrícola judía). En los años veinte,

es uno de los cofundadores de la compañía Histadrut, que establece una red de distribución de agua en Israel. Es miembro del Mapai, el Partido de los Trabajadores de Israel (formación de izquierdas), y es nombrado diputado al Ministerio de Defensa durante la guerra de 1948. En 1951, es elegido miembro de la Asamblea israelí, la Knesset, donde trabaja hasta su muerte. De 1952 a 1963 ocupa el cargo de ministro de Finanzas antes de convertirse en primer ministro y, finalmente, en ministro de Defensa.

Durante el período de tensión que precede a la guerra de los Seis Días, Levi Eshkol se niega a elegir la vía de la guerra para resolver la situación. Pero, bajo la presión popular israelí, decide renunciar a su puesto de ministro de Defensa en favor de Moshe Dayan, dejando al líder del partido liberal Jerut (de derecha) entrar en el gobierno de unión nacional para poder planificar mejor los preparativos de lo que se convertirá en la guerra de los Seis Días.

Aunque es criticado por su falta de acción durante esta crisis, Levi Eshkol se mantiene a la cabeza del Gobierno de Israel hasta su muerte en 1969.

MOSHE DAYAN, MINISTRO ISRAELÍ DE DEFENSA

Retrato de Moshe Dayan.

Militar y hombre político israelí, el general Moshe Dayan nace en 1915 en un kibutz en Palestina. Cuando todavía es muy joven, se une a la Haganá (que significa «defensa» en hebreo), una organización clandestina que protege militarmente a los judíos emigrados contra eventuales ataques árabes. Encarcelado en 1939 por los ingleses por posesión ilegal de armas de fuego, es puesto en libertad dos años más tarde para luchar junto al ejército británico por la conquista del Líbano. Durante esta guerra pierde su ojo izquierdo tras una grave herida que disimula bajo un parche negro, que hace que su rostro sea inolvidable en la escena internacional.

También participa en la guerra de 1948, donde lidera un

batallón, y en los diversos conflictos en los que Israel se implica hasta 1957, cuando entra en política en las filas del partido de izquierda Mapai. Es ministro de Agricultura de 1959 a 1964, y dimite por desacuerdos con el primer ministro Levi Eshkol. En vísperas de la guerra de los Seis Días, es nombrado ministro de Defensa, bajo la presión de la opinión pública, que se siente segura contando con un héroe de guerra a la cabeza de los asuntos militares. Durante el conflicto, realiza operaciones militares en concertación con Isaac Rabin (oficial y hombre político israelí, 1922-1995) que es entonces jefe del Estado Mayor del Tzahal, el ejército israelí. Sigue siendo ministro de Defensa hasta 1974, cuando se ve obligado a abandonar su puesto tras el ataque sorpresa del ejército egipcio en el contexto de la guerra de Yom Kipur de 1973, que perjudica fuertemente su imagen pública. Finalmente abandona la escena política en 1979 y muere dos años más tarde.

ANÁLISIS DE LA GUERRA

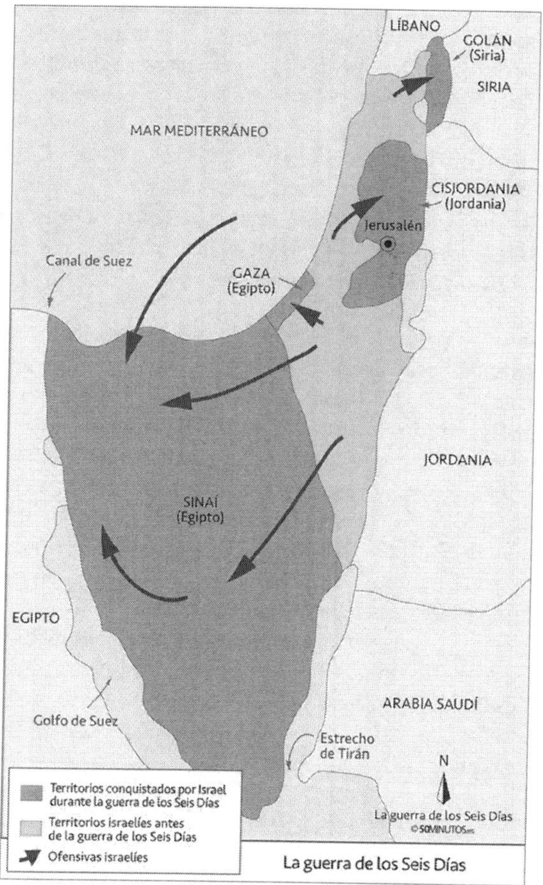

La guerra de los Seis Días

COMPOSICIÓN Y ESTRATEGIAS DE LAS FUERZAS EN PRESENCIA

Los dos ejércitos que se enfrentan durante la guerra de los Seis Días son radicalmente diferentes: mientras que los árabes privilegian la cantidad a la calidad, los israelíes prefieren confiar en hombres que posean las competencias militares necesarias. Por lo tanto, unos 215 000 soldados árabes se alistan para la guerra de los Seis Días, mientras que Israel solo cuenta con 125 000. En cuanto a las fuerzas aéreas, los países árabes tienen a su disposición nada menos que 937 dispositivos, mientras que Israel apenas cuenta con 326.

Aunque los efectivos árabes parecen impresionantes en comparación con los del Estado hebreo, solo Egipto cuenta con un ejército digno de ese nombre en términos de recursos y de organización interna. Envía a 140 000 hombres al combate, mientras que Jordania envía a 40 000 y Siria a 32 000, a los que se sumarán 3000 soldados iraquíes. Pero el ejército egipcio sufre problemas estructurales que lo perjudican y que se deben sobre todo al hecho de que está formado en gran parte por campesinos. Además, la jerarquía militar es muy respetada, por lo que la casta de oficiales se separa del resto de la tropa. Además, los soldados carecen de motivación y de entrenamiento, motivo por el que muchos equipos motorizados, como los aviones, no se pueden utilizar. Por su parte, las fuerzas terrestres de Siria y Jordania son mucho menos numerosas y potentes.

La estrategia militar adoptada por los ejércitos egipcio y sirio es la misma que la de los soviéticos en la época. Estas son sus principales características:

- el éxito de la contraofensiva se basa en una gran masa de soldados;
- la artillería es poderosa;
- los tanques están omnipresentes;
- la infantería, que es indispensable, es motorizada;
- se privilegia la artillería y los medios de lucha antitanques y antiaéreos, mientras que la aviación tiene un papel secundario.

Por su parte, el ejército israelí (el Tzahal) apuesta más por la calidad de sus fuerzas. Este está formado por un núcleo duro de militares de formación que se ve reforzado por un gran número de reservistas a los que se recurre cuando es necesario. Para el Tzahal, la piedra angular de su sistema es la gestión de sus soldados. Los oficiales se colocan constantemente en las líneas del frente en el campo de batalla, por lo que están muy cerca de los soldados rasos a los que tienen que supervisar y animar. En cuanto a la estrategia militar desplegada, la dictan esencialmente las realidades geográficas del territorio: en algunos lugares, la anchura mínima solo alcanza los 17 kilómetros. Por tanto, todas las áreas urbanas corren el riesgo de estar demasiado cerca de los campos de batalla en caso de invasión. El pequeño tamaño del territorio, sumado a una población significativamente menor que la de sus vecinos árabes, hace necesario que Israel se ajuste a cuatro grandes principios en materia militar:

- el combate debe llevarse a cabo preferentemente fuera

de las fronteras;

- se prefiere el ataque preventivo a la contraofensiva;
- la ofensiva debe ser rápida y decisiva, puesto que una movilización prolongada podría paralizar la vida económica del país;
- habida cuenta de su débil demografía, Israel no puede entrar en guerra contra una gran potencia.

Partiendo de estos cuatro principios, el ejército israelí, sobre todo mediante su jefe de Estado Mayor de la época, Isaac Rabin, decide optar por una estrategia basada en el combate aeroterrestre. De hecho, para estar en condiciones de apoyar el avance de las tropas terrestres, la aviación israelí debe superar a la de sus oponentes. Una vez que las fuerzas aéreas enemigas son destruidas, las formaciones blindadas se encargan de abrir una brecha en el bando enemigo para dejar que pase la infantería motorizada, que debe limpiar las trincheras y destruir la artillería del otro bando. La infantería solo podrá conseguir limpiar las posiciones enemigas y ocupar los territorios conquistados tras superar estas distintas fases.

CRONOLOGÍA DE LOS ACONTECIMIENTOS: TRES FRENTES EN LUGAR DE UNO

El domingo 4 de junio de 1967 y a raíz de la presión por parte de la opinión pública israelí dentro de un clima de tensión agravado por las numerosas provocaciones de los países árabes vecinos, el Gobierno de unión nacional israelí advierte a las tropas del Tzahal de que la ofensiva general comenzará a la mañana siguiente.

El lunes 5 de junio, la aviación israelí llega con fuerza y, en menos de 3 horas, destruye todas las fuerzas aéreas egipcias que aún están en tierra. A continuación, el Tzahal envía la mitad de sus fuerzas blindadas a través del Sinaí para llegar lo antes posible a la orilla occidental del canal de Suez. Para el Gobierno israelí, el objetivo de la guerra está ahora claro: tiene que poder garantizar de nuevo el libre acceso al mar Rojo, bloqueado desde el 22 de mayo por el ejército egipcio, que impide el paso al estrecho de Tirán. Entonces, el Gobierno israelí de unidad nacional, dirigido por Levi Eshkol, le pide explícitamente al rey Hussein de Jordania que no intervenga en el conflicto y garantiza que se respetarán los límites definidos por la guerra de 1948. Pero el monarca jordano, al ser aliado de Egipto, no puede responder favorablemente a esta solicitud, por lo que se bombardean los barrios judíos de Jerusalén y se inician combates aéreos entre sirios e israelíes. Israel ya no solo se encuentra en un único frente, sino en dos. El ejército israelí prepara el ataque preventivo contra Egipto cuidadosamente, pero no lo hace del mismo modo para la contraofensiva que se anuncia en la frontera entre Israel y Cisjordania. Por temor a cometer un error internacional sin precedentes al enviar a las tropas israelíes a atacar Jerusalén, el primer ministro, Levi Eshkol, prefiere esperar y consultarlo con el ministro de Defensa, Moshe Dayan, y con el jefe de Estado Mayor, Isaac Rabin.

El martes 6 de junio, el ejército israelí continúa avanzando por el interior de las tierras del Sinaí en el frente egipcio y por Cisjordania en el frente jordano. A partir de ahora, el Tzahal ocupa el enclave de la Franja de Gaza. En cuanto a Jerusalén Este, Moshe Dayan autoriza, sin notificárselo al

Gobierno, que las brigadas paracaidistas rodeen los muros de la Ciudad Santa, pero sin llegar a entrar en ella.

Al día siguiente, en el corazón del Sinaí, tiene lugar una gran batalla en la que participan muchos vehículos blindados. Mientras tanto, la marina israelí se hace con el control de la ciudad egipcia de Sharm el-Sheikh y, poco después, el estrecho de Tirán está de nuevo abierto a la navegación. En el segundo frente, la contraofensiva israelí demuestra una gran eficacia: al final del día, el Tzahal ocupa todas las grandes ciudades de Cisjordania y ha sido capaz de llegar al Jordán (río de Oriente Próximo). En torno a las 10 de la mañana, Jerusalén también se encuentra totalmente en manos israelíes, después de que Moshe Dayan diera la orden de tomar la ciudad de nuevo sin informar al Gobierno israelí. Tres horas más tarde, este último, Isaac Rabin, Levi Eshkhol y el resto del Gobierno acuden al Muro de las Lamentaciones para orar. El primer ministro Levi Eshkol afirma en ese momento que «Israel no espera de esta guerra obtener ganancias territoriales», a lo que Moshe Dayan responde públicamente: «Hemos vuelto al más sagrado de nuestros lugares santos, para nunca separarnos de nuevo» («El Kotel, la conexión del futuro con el pasado de Israel», en *Judaismohoy.com*). A continuación, Israel logra un alto al fuego por parte de Jordania.

El jueves 8 de junio, los israelíes llegan al canal de Suez: la batalla del Sinaí ha terminado y, a su vez, Gamal Abdel Nasser ha aceptado la tregua.

Una vez que los ejércitos jordano y egipcio han sido repelidos, Israel aún tiene que solucionar el problema de Siria. Los sirios han desempeñado un papel importante en la creación del clima de tensión anterior a la guerra de los Seis Días, pero en realidad, hasta ese momento no han participado en el conflicto. Por ello, el Gobierno de Levi Eshkol rechaza la idea de atacar Siria, sobre todo porque los lazos del país con la Unión Soviética son fuertes. Con todo, acaba cediendo a la presión de la población que reside cerca de la frontera siria, pero también a la que ejercen los jefes militares, entre ellos Moshe Dayan. El viernes 9 de junio, el Tzahal penetra en los Altos del Golán.

¿SABÍAS QUE...?

Los Altos del Golán, que se encuentran en el cruce de Siria, el Líbano, Jordania e Israel, constituyen indudablemente una importante ubicación estratégica para la región. Situado en la parte norte del río Jordán, entre las laderas del monte Hermón y el río Yarmuk, el Golán se extiende hasta las orillas orientales del lago Tiberíades. Poseer la meseta del Golán significa beneficiarse de la ventaja de la altura sobre el resto de países vecinos y advertir cualquier ataque terrestre. Además, no hay que olvidar que, gracias al río Jordán y a algunos de sus afluentes, el suelo es fértil y permite la explotación agrícola y la ganadería.

El sábado 10 de junio, los sirios se rinden ante la ofensiva del Tzahal y, a partir de ese momento, los Altos del Golán forman parte del territorio israelí. Por tanto, esta última victoria israelí marca el final de la guerra de los Seis Días.

RESULTADO DEL CONFLICTO

La victoria israelí tiene un precio: el Tzahal lamenta la pérdida de 679 hombres en el campo de batalla y de otros 150 que fallecen por heridas de guerra. Sin embargo, los países beligerantes árabes son los que salen peor parados:

- en Egipto, que no ha contabilizado sus pérdidas humanas, se estima que perdieron la vida entre 5000 y 10 000 hombres;
- en Jordania hubo 700 víctimas y 550 prisioneros;
- en Siria murieron 450 personas y 570 fueron hechas prisioneras.

El balance de las conquistas territoriales israelíes es significativo tras esta guerra relámpago de solo 132 horas: la superficie del territorio controlado por Israel se cuadriplica, pasando de 20 700 a 88 550 km^2. Este aumento del territorio facilita la defensa del Estado hebreo: el canal de Suez y el desierto del Sinaí por un lado, y los Altos del Golán por otro, forman fronteras naturales que dificultan eventuales invasiones. De hecho, las nuevas líneas de alto el fuego impiden toda posibilidad de ataque sorpresa por parte de Egipto, de Siria o de Jordania.

LAS REPERCUSIONES DE LA GUERRA

UNA APERTURA AL RADICALISMO RELIGIOSO EN EL MUNDO ÁRABE

Para los países árabes beligerantes, la situación al final de la guerra de los Seis Días es crítica, puesto que se ha expuesto la debilidad militar árabe. Estos pueblos, que creían que eran potencias militares, tal y como afirmaban sus respectivos Gobiernos, entienden este fracaso como un engaño y se rebelan. Un periodista kuwaití dice: «[La propaganda árabe] nos hizo creer que podíamos acabar con Israel en tres horas. Sin embargo, en tres horas, Israel ha hecho que nos avergoncemos»[2] (Hazan 2001, 64)

Este fracaso marca el fin del nacionalismo secular panárabe del que Nasser era el mascarón de proa y abre la puerta a un movimiento integrista islámico representado por los Hermanos Musulmanes. Los islámicos, llenos de nostalgia, rechazan esta derrota y niegan los hechos. Poco a poco, su movimiento gana poder e intenta borrar las huellas de Occidente visibles en la vida cotidiana. Así pues, la guerra de los Seis Días anuncia el rechazo a Occidente y al secularismo en todo el mundo árabe.

UNA GUERRA QUE LLEVA A OTRAS

Aunque esta victoria tiene un efecto euforizante para los israelíes, que esperaban que los países árabes vecinos

---

2. Cita traducida por 50Minutos.es

reconocieran por fin la existencia de su Estado, la cumbre de Jartum que reúne a los líderes árabes del 29 de agosto al 1 de septiembre de 1967 demuestra lo contrario. La asamblea, humillada por esta segunda y dura derrota militar contra el Estado hebreo, se cierra con una triple negativa: no a la paz con Israel, no al reconocimiento de Israel como Estado, y no a cualquier negociación con este último. Todo el mundo árabe tiene la intención de recuperar los territorios recién ocupados por los israelíes.

Ante una reacción tan categórica, Israel se refugia en una actitud igualmente rotunda: decide colonizar e integrar lo antes posible los nuevos territorios conquistados, lo que complica aún más la resolución del conflicto por la vía diplomática. Por lo tanto, no es hasta unos meses más tarde, el 22 de noviembre de 1967, que el Consejo de Seguridad de las Naciones Unidas redacta un texto de compromiso y se lo propone a ambas partes. El texto, denominado Resolución 242, es extremadamente vago, lo que permite que cada uno de los oponentes intente salir ganando.

Además de recordar la libertad de navegación por las vías internacionales, haciendo aquí referencia al canal de Suez y el estrecho de Tirán, y de hacer un llamamiento al reconocimiento de todos los Estados de la región y de su integridad territorial, esta Resolución 242 evoca la necesidad de una retirada del ejército israelí de los territorios recién conquistados, además del establecimiento de fronteras seguras y reconocidas por las otras naciones. No obstante, en ningún momento se precisan estos famosos territorios ocupados, y las fronteras no se establecen con claridad. Por ello, Israel ve en la resolución una autorización para entablar negociaciones directas con los países árabes y se niega a replegarse tras las fronteras anteriores a la guerra. Por su parte, los Estados árabes se oponen firmemente a cualquier conversación hasta que el Tzahal no abandone el territorio del Sinaí, de los Altos del Golán, de la Franja de Gaza y de Cisjordania.

Entonces, Gamal Abdel Nasser participa en una guerra de desgaste contra Israel a principios del año siguiente a lo largo del canal de Suez, donde se multiplican los altercados. Esta calificación de guerra de desgaste también la utiliza el propio presidente egipcio, que declara en 1969: «No puedo invadir el Sinaí, pero puedo romper la moral de Israel por el desgaste» (Ayudamos a conocer 2015). Los conflictos se mantienen hasta finales del mes de julio de 1970, cuando se establece un alto al fuego que beneficia de nuevo al Estado hebreo.

Tres años más tarde, el 6 de octubre de 1973, los egipcios y los sirios emprenden una nueva guerra, el mismo día del ayuno de Yom Kipur (el «día de la Expiación») y atacan por sorpresa y de forma simultánea la península del Sinaí y los Altos del Golán. El combate dura menos de tres semanas e Israel sale victorioso de nuevo, aunque logran ganar con mucha más dificultad que en los anteriores conflictos. Una parte del gobierno israelí, incluido Moshe Dayan —que sigue siendo ministro de Defensa—, se ve obligada a dimitir a raíz de esta flagrante falta de anticipación en materia militar.

Finalmente, en 1978, se entierra definitivamente el conflicto israelo-egipcio con los Acuerdos de Camp David: se le devuelven las tierras del Sinaí a Egipto, que finalmente reconoce la existencia del Estado de Israel.

LOS PALESTINOS, LOS OLVIDADOS AL FINAL DEL CONFLICTO

Al final de la guerra de los Seis Días apenas se habla de la suerte de los palestinos, ni en Oriente Próximo ni en la escena internacional. Así, incluso en la Resolución 242 de las Naciones Unidas, solo se mencionan cuando se habla de la búsqueda de una solución al éxodo de más de un millón de palestinos que se van de su territorio, ahora ocupado por el ejército israelí. Sin embargo, el texto hace un llamamiento a la creación de zonas desmilitarizadas y a establecer un reglamento para la cuestión de los refugiados. Cabe destacar que ni Palestina ni Siria aceptan firmar la Resolución 242.

De hecho, esta aplastante derrota supone un trauma para el conjunto de la opinión árabe, y los palestinos también están conmocionados. La guerra de los Seis Días y la posterior guerra de desgaste refuerzan las opiniones de una nueva generación de militantes palestinos que ya no cree en la liberación de Palestina a través una unidad árabe. A partir de este momento, en 1968 se reorganizan los distintos movimientos palestinos en una nueva Organización para la Liberación de Palestina (OLP), a la que se une el Fatah (movimiento de liberación nacional de Palestina), y Yasir Arafat (1929-2004) se convierte en su presidente.

Entonces, la OLP decide adoptar una estrategia independiente de los otros Estados árabes utilizando el terrorismo a escala mundial para lograr que se reconozca el Estado palestino árabe y las tierras que le corresponden. Pero este enfoque debilita a los diferentes Estados vecinos que acogen a los refugiados palestinos, porque da la impresión de que se comportan como un Estado independiente dentro de otro Estado. Aunque el Líbano es demasiado débil como para responder, no ocurre lo mismo con Jordania: en septiembre de 1970, el ejército jordano comienza a derruir las infraestructuras palestinas existentes en su territorio, provocando un verdadero baño de sangre. La OLP, diezmada, encuentra entonces refugio en el Líbano, pero continúa sus acciones a favor de una Palestina libre.

La guerra de los Seis Días y la colonización de territorios habitados principalmente por palestinos consiguen afirmar definitivamente la existencia de una identidad nacional árabe en Palestina, al tiempo que catalizan este nacionalismo palestino alrededor de la OLP y de la importante figura de Yasir Arafat, y ya no en torno a la idea de una Liga Árabe unida.

EN RESUMEN

1956

Oct.-nov.: crisis del canal de Suez

1967

12 may.: Nasser decreta la movilización general
22 may.: cierre del estrecho de Tirán
5 jun.: inicio de la guerra de los Seis Días
7 jun.: alto al fuego con Jordania
8 jun.: tregua con Egipto
9 jun.: ofensiva israelí en los Altos del Golán
10 jun.: fin de la guerra de los Seis Días
29 ag.-1 sept.: cumbre de Jartum
22 nov.: Resolución 242 de las Naciones Unidas

- A finales del siglo XIX, en respuesta a varias oleadas de violencia antisemita que asolan Europa, un movimiento sionista comienza a establecer poco a poco un Estado judío en Palestina.
- La inmigración judía en Palestina aumenta especialmente con el ascenso al poder de Adolf Hitler y el nazismo: a partir de entonces, las tensiones se hacen cada vez más evidentes.
- Entonces ocurren tres grandes crisis: la revuelta árabe en Palestina (1936-1938), la guerra de la Independencia en 1948, que se salda con la ocupación por parte de Israel del 78 % de Palestina, y la crisis del canal de Suez (1956), que

enfrenta a Egipto contra Israel, Gran Bretaña y Francia.

- A este nada distendido contexto hay que añadir las tensiones existentes a lo largo de las fronteras israelo-sirias y el miedo de los egipcios ante el desarrollo del armamento nuclear israelí.

- El 22 de mayo de 1967, el presidente egipcio proclama el cierre del estrecho de Tirán, impidiendo así que Israel pueda acceder al mar Rojo. A partir de este momento surgen amenazas veladas procedentes de ambas partes, y la opinión pública israelí presiona al Gobierno para que actúe. Como consecuencia, el 4 de junio de 1967 este le ordena al Tzahal que inicie al día siguiente la ofensiva contra Egipto.

- El 5 de junio de 1967, el Tzahal aniquila en tres horas a la aviación egipcia para, a continuación, enviar la mitad de sus fuerzas blindadas a través del Sinaí con el objetivo de asegurarse de nuevo el libre acceso al estrecho de Tirán. Inmediatamente, Jordania y Siria le declaran la guerra a Israel, y la primera participa en el combate.

- El avance de las tropas israelíes en las tierras del Sinaí y en Cisjordania continúa y, el 7 de junio, Jerusalén y todo el territorio cisjordano hasta el Jordán caen en manos del Tzahal. Después, Israel obtiene un alto el fuego de Jordania.

- Al día siguiente, el ejército israelí llega el canal de Suez y los egipcios aceptan la tregua.

- Ahora solo hace falta resolver el problema de Siria: aunque no ha participado en la lucha, la presión popular es tanta que, el 9 de junio, el Gobierno israelí se resigna a iniciar una ofensiva en los Altos del Golán. Pero el ataque es un fracaso que marca el final de la guerra de los Seis

Días.

- Así, Israel ve cómo su territorio se cuadruplica, y el fracaso de los países árabes beligerantes marca el final del nacionalismo secular panárabe, dejando la vía abierta al movimiento integrista islámico de los Hermanos Musulmanes.

- Con el fin de solucionar la situación, las Naciones Unidas elaboran un texto conciliador, la Resolución 242, pero su contenido es tan poco claro que las tensiones no hacen más que aumentar, y no es hasta 1978 que el conflicto israelo-egipcio se entierra definitivamente con los Acuerdos de Camp David.

- Los palestinos, los grandes olvidados del conflicto, apenas se mencionan en Oriente Próximo y en la escena internacional. Estos, decepcionados, deciden reunirse a partir de 1968 en una nueva Organización para la Liberación de Palestina, cuya estrategia es, a partir de ahora, independiente del resto de Estados árabes.

¡Tu opinión nos interesa!
¡Deja un comentario en la página web de tu librería en línea,
y comparte tus favoritos en las redes sociales!

PARA IR MÁS ALLÁ

FUENTES BIBLIOGRÁFICAS

- Abitbol, Michel. 2007. *Juifs et Arabes au XXe siècle*. París: Perrin, colección *Tempus*.
- Ayudamos a conocer, "Guerra de desgaste", 2015. Consultado el 13 de diciembre de 2016. http://ayudamos-conocer.com/significados/letra-g/guerra-de-desgaste.php
- Bamavi, Élie. 2007. "5 juin 1967: Israël attaque". *L'Histoire*, n.° 321, 32-33. Julio.
- Burrowes, Robert y Muzzio Douglas. 1972. "The Road to the Six Day War: Towards an Enumerative History of Four Arab States and Israel, 1965-1967". *The Journal of Conflict Resolution*, vol. 16, n.° 2, 211-226. Junio.
- Charfi, Mohamed. 2007. "Du côté des Arabes: l'insupportable défaite". *L'Histoire*, n.° 321, 50-52. Julio.
- Defay, Alexandre. 2011. *Géopolitique du Proche-Orient*. París: Presses Universitaires de France, colección *Que sais-je?*
- Duclos, Louis-Jean. 1979. "La 'guerre d'usure' égypto-israélienne, 1968-1970". *Études internationales*, vol. 10, n.° 1, 127-175.
- Gurgand, Jean-Noël. 1967. "'Cette victoire, nous la devons à nous seuls'". *L'Express*. 12 de julio. Consultado el 13 de diciembre de 2016. http://www.lexpress.fr/actualite/monde/proche-moyen-orient/cette-victoire-nous-la-devons-a-nous-seuls_490433.html
- Josette, Alia. 1969. "La nouvelle armée de Nasser". *Le Nouvel Observateur*. 11 de agosto.

- Judaísmo Hoy, "El Kotel, la conexión del futuro con el pasado de Israel". Consultado el 13 de diciembre de 2016. http://www.judaismohoy.com/article.php?article_id=974
- Kurtulus, Ersun. N. 2007. "The Notion of a 'Pre-Emptive War': the Six-Day War Revisited. *Middle East Journal*, vol. 61, n.° 2, 220-238.
- Le Gac, Daniel y Jean-Paul Kauffmann. 1975. *Juifs et Arabes en Palestine*. París: Le Centurion.
- Picard, Élizabeth. 2006. *La politique dans le monde arabe*. París: Armand Colin, colección *U*.
- Popp, Roland. 2006. "Stumbling Decidedly into the Six-Day War". *The Middle East Journal*, vol. 60, n.° 2, 281-309.
- Razoux, Pierre. 2004. *La guerre des Six Jours (5-10 de junio de 1967). Du mythe à la réalité*. París: Economica.
- Peretz, Pauline. 2007. "Six jours qui ont remodelé la carte du Proche-Orient". *L'Histoire*, n.° 321, 34-41. Julio.
- Saadoun, Haïm. 2003. "L'hostilité croissante. L'élément palestinien et la fin des communautés juives en terre d'Islam (1920-1967)". *Pardès*, n.° 34, 25-32.
- Shimoni, Yaacov. 1991. *Biographical Dictionary of the Middle East*. Nueva York/Oxford/Sidney: Facts on File.
- Stein, Leslie. 2009. *The Making of Modern Israel. 1948-1967*. Cambridge: Polity Press.

FUENTES COMPLEMENTARIAS

- Baron, Xavier. 2000. *Les Palestiniens. Genèse d'une nation*. París: Éditions du Seuil, colección "Points Histoire".
- Ben Elissar, Eliahu y Zeev Schiff. 1967. *La guerre israélo-arabe (5-10 juin)*. París: Julliard.

- Berthomière, William. 2004. "Sionisme et immigration en Israël". *Mouvements*, n.º 33-34, 30-35.
- Danino, Olivier. 2013. "Jérusalem: complexité du statut, quelles solutions possibles?". *Confluences Méditerranée*, n.º 84, 143-158.
- Gresh, Alain y Dominique Vidal. 2008. *Palestine 1947. Un partage avorté*. Bruselas: André Versaille.
- Nicault, Catherine. 2008. *Une histoire de Jérusalem (1850-1967)*. París: CNRS Éditions.
- Sanbar, Elias. 1984. *Palestine 1948. L'expulsion*. Alenzón: Instituto de Estudios Palestinos.
- Seguev, Samuel. 1967. *La guerre des Six Jours. Opération "Drap rouge"*. París: Calmann-Lévy.
- Seguev, Tom. 2007. *1967. Six jours qui ont changé le monde*. París: Denoël.
- Sela, Avrahm, Elhanan Yakira, Martine Montandon y Franck Lessay. 2003. "La religion dans le conflit israélo-palestinien". *Cités*, n.º 14, 13-27.

FUENTES ICONOGRÁFICAS

- Revuelta árabe contra la ocupación británica. La imagen reproducida está libre de derechos.
- Retrato de Gamal Abdel Nasser. La imagen reproducida está libre de derechos.
- Retrato de Levi Eshkol. La imagen reproducida está libre de derechos.
- Retrato de Moshe Dayan. La imagen reproducida está libre de derechos.

en50MINUTOS.es
Historia
Economía y empresa
Coaching
EL DIAGRAMA
DE ISHIKAWA
Material   Método   Máquina
Madre   Medida   Hombres
Naturaleza
LA GUERRA DE
PALESTINA DE 1948
DOMINA
EL ARTE DEL
NETWORKING

www.en50Minutos.es

ISBN ebook: 9782806277350

ISBN papel: 9782806281814

Depósito legal: D/2016/12603/236

Libro realizado por <u>Primento</u>*, el socio digital de los editores*

Made in the USA
Monee, IL
07 July 2026

56544703R00026